www.kidkiddos.com
Copyright©2014 by S. A. Publishing ©2017 by KidKiddos Books Ltd.
support@kidkiddos.com

All rights reserved. No part of this book may be reproduced in any form or by any electronic or mechanical means, including information storage and retrieval systems, without written permission from the publisher or author, except in the case of a reviewer, who may quote brief passages embodied in critical articles or in a review.

Todos los derechos reservados. Ninguna parte de este libro se puede utilizar o reproducir de cualquier forma sin el permiso escrito y firmado de la autora, excepto en el caso de citas breves incluidas en reseñas o artículos críticos.

Second edition, 2019

Traducción al inglés de Laura Bastons Compta
Translated from English by Laura Bastons Compta

Library and Archives Canada Cataloguing in Publication
I Love to Go to Daycare (Spanish Edition) / Shelley Admont
ISBN: 978-1-5259-1633-5 paperback
ISBN: 978-1-77268-500-8 hardcover
ISBN: 978-1-77268-095-9 eBook

Para aquellos a los que más quiero - S.A.

Jimmy estaba tumbado en su cama abrazando su osito de peluche favorito. Estaba intentando dormir pero algo le molestaba y le mantenía despierto.

Salió de la cama y fue a buscar a sus padres.

Abajo, en el comedor su madre y su padre estaban viendo la televisión.
—Mamá, no puedo dormir— dijo Jimmy.

Agarró su osito de peluche y se sentó en la falda de su madre.
—¿En qué piensas? —le preguntó.

Jimmy pensó un momento.
—Pienso en la guardería— susurró antes de agarrar su mamá aún más fuerte.

—Oh cariño, ¡la guardería es de lo más divertido! — dijo su madre mientras le ondulaba el pelo.

—Conocerás nuevos amigos allí y podrás pintar dibujos o jugar con trenes y camiones — añadió su padre. — ¡Es tan divertido que desearía poder ir yo también!

—¿Puedo quedarme en casa contigo? —preguntó Jimmy.

—Jimmy—dijo suavemente su mamá — tu ahora ya eres un chico mayor y mamá necesita ir a trabajar. — Mamá acarició su cabeza y le miró profundamente a los ojos.

—Vamos a hacer eso— añadió — cómo va a ser tu primer día en la guardería solo te quedarás dos horas. Después vendré a recogerte para llevarte a casa. Pero estoy segura de que te lo pasarás tan bien que no querrás marcharte.

—Incluso te puedes llevar tu oso de peluche contigo —dijo papá. —¿No suena bien, campeón?

Jimmy inclinó su cabeza.

—Oh, si eres un chico muy mayor e inteligente— dijo mamá besándole la frente. —Estoy segura de que estás cansado. Vámonos a la cama—.

Mamá acompañó a Jimmy a su habitación y le achuchó firmemente. Le dio el beso de buenas noches y le susurró a la oreja:
—Te quiero cariño—.

Con un gran bostezo abrazó a su osito de peluche y cerró los ojos.

Jimmy estaba casi dormido cuando oyó una voz extraña.
—Jimmy, ¿ya estás dormido?

Abrió los ojos y miró a su alrededor.
—¿Quién está hablando? — susurró Jimmy.

—¡Soy yo, tu osito de peluche!
Asombrado Jimmy bajó la vista hacia su oso de peluche, y ¡estaba sonriendo!

—Hola Jimmy, he visto que estabas molesto y quería asegurarme que estás bien—.

—Mmm...Voy a ir a la guardería mañana—.

—Oh, te entiendo amigo mío— dijo el oso de peluche. —Pero adivina qué, ¡voy a ir contigo!

El oso de peluche empezó a bailar alrededor de la cama, girando y moviendo su pequeño trasero de osito. Jimmy miró a su peluche bailando y aplaudiendo y empezó a reír muy fuerte.

—Shhhh—susurró el oso de peluche. Señaló a Jimmy sus dos hermanos que estaban durmiendo en sus camas.

—Mejor que nos vayamos a dormir también. ¡Nos espera una nueva y excitante aventura mañana!

El osito saltó a los brazos de Jimmy y le abrazó.

La mañana siguiente los dos hermanos mayores saltaron de la cama y fueron hacia Jimmy.

—Hoy es tu primer día en la guardería, tienes mucha suerte— dijo el hermano mayor.

Jimmy estaba emocionado pero un poco preocupado.
—Voy a ir solo por dos horas hoy—dijo silenciosamente. —¿Es mucho tiempo?

—En realidad no— dijo el hermano mayor.

—No estarás ni hasta la siesta— añadió el hermano mediano.

Jimmy no solía estar callado durante el desayuno. Después de terminarse su plato su madre le sonrió y dijo:
—Muy bien, ¿estás listo para ir Jimmy?

—Supongo— respondió Jimmy mientras bajaba la mirada hacia su osito de peluche. Este le sonrió e inclinó la cabeza.

Jimmy se sintió mucho mejor.

Cogió a su osito de peluche en una mano y la mano de su mamá por la otra y se dispusieron a salir.

—Te va a gustar, cariño— dijo su madre mientras paseaban. — Estaré de vuelta en dos horas, después del almuerzo.

—Lo sé mami. Estoy bien. Tengo a mi osito de peluche conmigo— dijo Jimmy sonriendo a su osito.

—Estoy muy orgullosa de ti, mi hijito mayor—dijo mamá. Le besó y los dos se acercaron a la puerta de la guardería.

Mamá golpeó dos veces y una chica apareció en la puerta.

—Hola Jimmy—dijo la mujer. —¡Pasa dentro!

—¿Cómo me conoce? — susurró Jimmy a su madre.

Mamá sonrió.
—La he llamado antes y le he dicho que veníamos.

Había muchos otros niños allí. Algunos estaban jugando con coches y otros estaban jugando con muñecas.

—Vamos a divertirnos un poco. ¡Venga Jimmy!— le susurró el osito de peluche a la oreja. Sonriendo, Jimmy se giró hacia su madre.

—Ve y pásalo bien cariño—dijo mamá con una sonrisa. —Te recogeré justo después del almuerzo.

—Lo recuerdo. ¡Adiós mamá! —gritó Jimmy mientras corría a jugar con un tractor enorme.

Después de dos horas, mamá volvió a la guardería a recoger a Jimmy.

—Mamá, ¡Ha sido muy divertido! — gritó.
—He jugado con un camión enorme y después ¡he pintado una flor para ti yo solito!

—Es muy bonita— dijo mamá y sonrió feliz.
—¿Qué más has hecho hoy?

—La señorita nos ha leído un cuento de distintos animales y después hemos comido el almuerzo —dijo Jimmy en un solo respiro saltando cerca de mamá.

—¿Puedo quedarme un poco más tiempo mañana? ¡Por favor, mamá!

El día siguiente Jimmy estuvo más tiempo. Y al siguiente aún más.

Ahora Jimmy pasa el día entero a la guardería, ¡pasándoselo en grande! Le encanta jugar a juegos, pintar, oír historias y comer.

Tiene el día muy lleno ahí y siempre se pone muy contento cuando es la hora de la siesta, puede descansar un poquito.

A veces Jimmy no lleva el osito de peluche con él y se divierte en la guardería él solito.

Pero cuando regresa a casa a Jimmy le gusta contarle todo sobre su día.

www.ingramcontent.com/pod-product-compliance
Lightning Source LLC
Chambersburg PA
CBHW061146070526
44584CB00033B/4437